Nähen mit PUL-Stoffen

EMF
EIN BUCH DER
EDITION MICHAEL FISCHER

INHALTSVERZEICHNIS

VORWORT

Das Leben mit Babys und Kleinkindern ist bunt. Es ist nicht nur voller Duplosteine, Kinderzeichnungen und Regenbögen, sondern auch voll mit Tomatensoße, Kirschsaft, Matschpfützen, nassem Sand und vollen Windeln. Dabei sind praktische Utensilien wie Lätzchen, Überschuhe oder eine robuste Hose Gold wert. Aus den dünnen, leicht dehnbaren und wasserabweisenden PUL-Stoffen lassen sich ganz hervorragend schicke Einzelstücke herstellen.

PUL-Stoff, das ist „Hightech unter der Nähmaschine". Diese speziell gefertigte Art von Stoffen wird in den letzten Jahren immer beliebter. PUL-Stoffe zeichnen sich durch wasserabweisende Eigenschaften und Atmungsaktivität aus, sind aber darüber hinaus oft wunderschön gemustert und sehr robust. Verglichen mit anderen Outdoormaterialien (wie Softshell oder Wachstuch) gleichen sie qualitativ einem Jersey, sind dehnbar und lassen sich problemlos bei 60 °C waschen.

In diesem Buch findest du viele Anregungen, was du aus PUL-Stoffen fertigen kannst. Es umfasst neben zweierlei Stoffwindeln auch die Anleitungen für Lätzchen, Outdoorhose und zahlreiche praktische Taschen und Täschchen. Alle Schnittmuster sind schön einfach, machen aber aus den wundervollen PUL-Stoffen richtig was her.

AUF INS ABENTEUER

Was mich am meisten am Nähen fasziniert, ist die Entdeckung immer neuer Materialien, Schnittmuster und Tricks. Die eigenen Fertigkeiten entwickeln sich ständig weiter. Der Fantasie sind dabei keine Grenzen gesetzt.

Als mein Sohn 3 Monate alt war, habe ich begonnen, Stoffwindeln zu nutzen. Welch eine Entdeckung war da ein neuartiges Material namens „PUL-Stoff"! Als begeisterte Näherin kaufte ich mir keine fertigen Windeln, sondern einfach PUL-Stoffe und nähte die ersten Windeln und Wetbags selbst. Mit der Zeit erkannte ich, dass sich nicht nur Wickelutensilien prima aus PUL-Stoffen fertigen lassen, sondern auch viele andere Projekte. Mich fasziniert die Vielseitigkeit dieses Materials noch immer.

In diesem Buch möchte ich dich mit ins Abenteuerland der PUL-Stoffe nehmen. Wer meinen Blog kennt, der weiß, was mir bei meinen Schnittmustern besonders wichtig ist: möglichst hohe Flexibilität und Raum für deine eigene kreative Umsetzung. Auch die hier gezeigten Ideen kannst du sowohl aus PUL-Stoff als auch aus anderen Stoffen nähen. Viele Schnittmuster kannst du untereinander kombinieren und abwandeln.

Lass dich inspirieren und leg einfach los.
Ich wünsche dir herrlich viel Spaß dabei!

Leonie

Nähen mit PUL-Stoffen

Was ist PUL? Material Grundkurs

PUL bedeutet „Polyurethanlaminat“, PUL-Stoffe sind folglich mit Polyurethan beschichtete Stoffe.

Ursprünglich sind diese Stoffe im Sanitäts-/Medizinbereich zu finden. Es werden beispielsweise schon lange Matratzenunterlagen daraus gefertigt.

UNTERSCHIEDLICHE PUL-STOFFE

Sowohl Baumwolle als auch Polyester oder Mischgewebe kann mit Polyurethan beschichtet werden. Dementsprechend unterschiedlich sind die Eigenschaften der PUL-Stoffe. Polyester-PUL besitzt im Allgemeinen eine höhere Dichtigkeit als Baumwoll-PUL, der Nässe etwas früher aus dem Inneren nach außen durchdringen lassen kann. Baumwoll-PUL dagegen fühlt sich „natürlicher“ an und ist etwas fester. Beachte dies bei der Materialwahl für dein Projekt.

EIGENSCHAFTEN DER PUL-STOFFE

Meist sind PUL-Stoffe leicht elastisch. Die Dehnbarkeit der Stoffe und die Atmungsaktivität nimmt mit Dicke der PUL-Beschichtung ab. Für Stoffwindeln hergestellte PUL-Stoffe sind meist dünn beschichtet. Es gibt auch sogenannten „Sandwich-PUL“, bei dem die Beschichtung zwischen zwei Stofflagen liegt. Dieser Stoff ist etwas dicker und weniger dehnbar.

Allen PUL-Stoffen ist gemeinsam, dass sie eine glatte (beschichtete) und eine stoffige/bunte Seite haben. Die glatte Seite ist (in der Regel) die Stoffrückseite, die „zur

Nässe hin" (bei Windeln, Wetbags und Schwimmbeuteln nach innen) zeigen sollte. So erhält man bestmöglichen Feuchtigkeitsschutz. Aber auch andersherum (Beispiel Outdoorhose oder Lätzchen) ist PUL wasserabweisend und bietet Schutz vor Schmutz und leichter Feuchtigkeit.
PUL-Stoffe werden hauptsächlich zum Nähen von Stoffwindeln produziert. Die Stoffe sind daher üblicherweise auf Schadstoffe geprüft und dürfen auch mit Speisen in Berührung kommen. Informiere dich im Zweifelsfall beim Stoffhersteller.

PUL-STOFFE WASCHEN

PUL-Stoffe haben die Besonderheit, dass sie meist bei 60 °C waschbar und manche sogar für den Trockner geeignet sind. Dies macht die Stoffe ideal zum Nähen von Windeln, Lätzchen und anderen Utensilien, die starker Verschmutzung ausgesetzt sind. PUL-Stoffe sind robust und langlebig. Beachte beim Waschen immer die Herstellerangaben deiner Stoffe.

Bei Polyester-PUL-Stoffen gibt es oft eine zusätzliche Schicht aus Folie auf der beschichteten Seite, die man nach dem Vorwaschen des Stoffs (vor dem Nähen) abziehen sollte. Richte dich auch hier nach den Angaben des Herstellers.

ALTERNATIVE STOFFWAHL

Die Schnittmuster und Anleitungen, die du in diesem Buch findest, kannst du natürlich auch mit anderen Stoffen nutzen. Mögliche Alternativen sind je nach Projekt unterschiedlich. Bei Stoffwindel-Überhosen und Wetbags eignen sich Wollstoffe (die gefettet werden können und ebenfalls einen hervorragenden Nässeschutz bieten). Als Alternative bei Outdoorhosen und Überschuhen eignen sich leichte Outdoorstoffe aller Art sowie gewachste Baumwolle oder leichterer Dryoilskin. (Ärmel-)Lätzchen lassen sich beispielsweise aus Frottee (oder ausgedienten Frottee-Handtüchern) nähen. Deiner Fantasie sind hierbei keine Grenzen gesetzt.

Besonderheiten beim Nähen mit PUL

NÄHMASCHINE, NADELN & GARN

PUL-Stoffe können mit einer normalen Haushaltsnähmaschine vernäht werden. Man verwendet meist einen einfachen Geradstich mit einer Stichlänge von etwa 3 (sofern nicht anders in der Anleitung angegeben). Verriegelt wird jede Naht zu Beginn und Ende durch kurzes Vor- und Zurücknähen. An Stellen, wo man (Baumwoll-)Bündchen an den PUL-Stoff nähen möchte, kann auch mit der Overlockmaschine genäht werden. Praktischerweise fransen PUL-Stoffe nicht aus und müssen daher nicht versäubert werden.

Beim Vernähen von PUL-Stoffen sollte man möglichst kleine Nahtlöcher in den Stoff machen. Daher verwendest du am besten Microtex-Nadeln in kleinstmöglicher Nadelstärke. Diese sind sehr dünn und haben eine sehr feine Spitze.

Da die Stoffe sehr rutschig sind, verwende, wenn möglich, einen Obertransportfuß oder Teflonfuß zusammen mit deiner Haushaltsnähmaschine.

Als Garn zum Nähen von PUL-Stoffen wird Polyestergarn empfohlen. Polyestergarn ist das handelsübliche Garn, das es überall zu kaufen gibt. Garn aus Wolle oder Baumwolle dagegen saugt sich mit Flüssigkeiten voll und führt damit zu Undichtigkeit.
In der Regel kannst du die Standardeinstellungen deiner Nähmaschine belassen. Bei manchen Maschinen muss die Fadenspannung speziell abgestimmt werden.

PUL-Stoffe haben einen Fadenlauf, den du beim Zuschnitt beachten solltest.
Beim Bügeln beschichteter Stoffe muss man sehr vorsichtig vorgehen.
Verwende ein Bügeltuch und beginne auf niedrigster Stufe mit der unbeschichteten Stoffseite nach oben. Um dir das Bügeln zu ersparen, lassen sich manche PUL-Stoffe (vor allem Baumwoll-PUL) auch sehr gut mit einem Falzbein falzen.

Tipp

Bei rutschigem Stoff ohne Spezialfuß: Küchenpapier, Windelvlies oder Butterbrotpapier auf die glatte Stoffseite legen, mit einnähen und im Anschluss wieder ausrupfen.

SONSTIGES ZUBEHÖR

Schneide deine Stoffe mit einem Rollschneider auf einer Schneidematte oder mit einer scharfen Schneiderschere.

Zum Stecken der Stofflagen verwendet man stets Stoffklammern. Bitte nimm keine Stecknadeln, da sie unnötige Löcher verursachen und den Stoff damit undicht machen. Lege beide Nahtzugaben einer Naht immer zur gleichen Seite, sofern nicht anders angegeben.
Meine Werkzeuge zum Durchziehen von Gummibändern und Wenden von Stoffen sind Sicherheitsnadel und Essstäbchen. Diese liegen am Nähtisch immer parat.

Wer Windeln bzw. Windel-Überhosen aus PUL-Stoff nähen möchte, braucht zum Verschluss entweder Klettband oder Druckknöpfe. Kunststoff-Druckknöpfe bestehen aus vier Elementen: einmal Cap mit Socket und einmal Cap mit Stud. Das Socket hat eine Vertiefung, in der das Stud mit seiner Erhebung eingeklickt werden kann. Da PUL-Stoffe sehr robust sind, reißen die Druckknöpfe nur selten aus. Wenn du sicher gehen möchtest, verwende bei einlagigem PUL-Stoff noch ein weiteres Stückchen PUL-Stoff als Verstärkung.

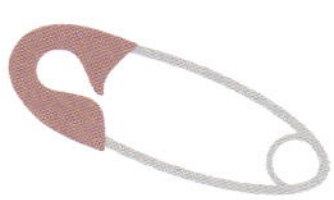

Bei einigen Anleitungen wird Schrägband verwendet. Dies gibt es bereits fertig zu kaufen. Alternativ kannst du das Schrägband aus einem Baumwollstoff selbst herstellen, z. B. mithilfe eines Schrägbandformers.

Die Schnittmuster enthalten keine Naht- und Saumzugaben. Füge bitte (je nach Belieben 0,7 bis 1 cm) Nahtzugabe hinzu, soweit nicht anders angegeben.

SCHWIERIGKEITSGRADE:

- (1 Tropfen) leicht, anfängertauglich
- (2 Tropfen) mittel
- (3 Tropfen) etwas anspruchsvoller, aber du schaffst es bestimmt

Tipp

Kurz und knapp:

- Microtex-Nähnadeln
- Stoffklammern statt Stecknadeln
- ggf. Teflon-/Obertransportfuß
- Polyestergarn

Über Stoffwindeln und Wetbags aus PUL-Stoff

Während das Wickeln mit Stoffwindeln bis vor einigen Jahren noch als altmodisch und massiv arbeitsintensiv verpönt war, erfreut es sich heutzutage immer stärkerer Beliebtheit. Nicht nur durch das Verwenden der neuen PUL-Stoffe, sondern auch durch die hohe Leistung unserer modernen Waschmaschinen ist das Wickeln mit Stoff nicht wesentlich aufwendiger als mit Wegwerfwindeln. Dazu ist es umwelt- und popofreundlicher, bei selbstgenähten Windeln dauerhaft kostengünstiger und einfach hübsch anzusehen. Meiner Meinung nach ist das Wickeln mit Stoff auf jeden Fall einen Versuch wert. Aus unserem Alltag sind die bunten Windeln mittlerweile nicht mehr wegzudenken.

Tipp

Lies mehr über das Nähen und Wickeln mit Stoffwindeln unter https://www.lila-wie-liebe.de/stoffwindeln-wickeln-und-naehen/

STOFFWINDEL-ÜBERHOSE

Der Klassiker beim Nähen mit PUL-Stoffen ist die Stoffwindel, auch „Überhose" genannt (da zu einer kompletten Stoffwindel noch das Saugmaterial zählt).

Es gibt zahlreiche Windelsysteme, deren Aufführung das Format dieses Buches sprengen würde. Auf Seite 48 findest du die Anleitung für eine Basis-Überhose, die du mit Saugmaterial füllen kannst. So erhältst du eine komplette, gebrauchsfertige Windel. Solch ein System ist sehr flexibel und bietet einen guten Start in die Welt der Stoffwindeln.

STOFFWINDEL MIT INNENWINDEL (PUL-WANNE)

Alternativ zu PUL-Überhosen lassen sich kleine Wannen aus PUL-Stoff als Innenwindel nähen. Diese werden mit Druckknöpfen in Überhosen aus Baumwolle angebracht.

Für die Außenwindel wird das Schnittmuster der Überhose auf Seite 48 verwendet. Dafür nähst du die Überhose aus Baumwolle und Liner (alternativ funktioniert auch Baumwoll-Jersey). An der fertigen Windelüberhose werden an den Markierungen

Druckknöpfe angebracht. Nach innen zeigen die vier Druckknopf-Sockets, die Kappen zeigen nach außen.

In die Überhose kann nun eine Wanne („Innenwindel") aus PUL-Stoff eingeknöpft werden (Anleitung siehe S. 52). Dadurch, dass die Innenwindel Gummizüge an den Seiten hat, schließt sie sicher ab. Das ist sehr praktisch bei flüssigerem (Muttermilch-)Stuhl, daher haben wir dieses System gern bereits bei Säuglingen genutzt. Man braucht nur noch geeignetes Saugmaterial in die Wanne einlegen (Frottee-Einlage/Waschlappen reicht beim kleinen Baby, später z.B. kombiniert mit Hanfeinlage und Windelvlies).

WETBAGS

Ursprünglich sind „Nasstaschen", sogenannte Wetbags, dafür gemacht, gebrauchte Stoffwindeln unterwegs zu transportieren. Bei kleinen Ausflügen nimmt man einfach eine frische Stoffwindel im Wetbag mit und tauscht diese dann beim Wickeln gegen die gebrauchte Windel aus. Für größere Ausflüge gibt es eine Maxi-Wetbag mit Trockenfach, sodass gebrauchte und frische Windeln getrennt aufbewahrt werden können.

Die Anleitung für die kleine Wetbag findest du auf Seite 40, die Anleitung für die große Wetbag findest du auf Seite 44.

Tipp

Wenn du nicht-dehnbare Stoffen (Baumwolle, Leinen oder Tragetuch) für die Überhose verwendest, fällt die One Size-Windel kleiner aus (für etwa 6-11 kg). Bei dehnbarem Material (Interlock, Sweat, Strickstoffe)fällt die Windel größer aus (für etwa 8-14 kg).

Leichte Outdoorhose

Auf der Wiese oder im Sand machen die Kleinen ihre ersten Erfahrungen in der Natur. Wenn die klassische „Matschhose" zu dick und unflexibel ist, wirst du diese leichte Outdoorhose zu schätzen wissen.

GRÖSSEN:

68/74, 80/86, 92/98

DU BRAUCHST:

- PUL 50–60 cm Höhe x 120 cm Breite
- Bündchenmaße (inklusive 1 cm Nahtzugabe):
  Gr. 68/74: 12 x 36 cm
  Gr. 80/86: 13 x 37 cm
  Gr. 92/98: 14 x 39 cm
- Gummiband 5 mm breit, zweimal etwa 17–19 cm lang (inklusive Nahtzugabe)

ZUSCHNITT:

- 1x Vorderteil (SB 2)
- 1x Rückteil (SB 2)
- 2x Beinbündchen (SB 2)
- 1x Bauchbündchen aus Bündchenware (SB 2)

YES

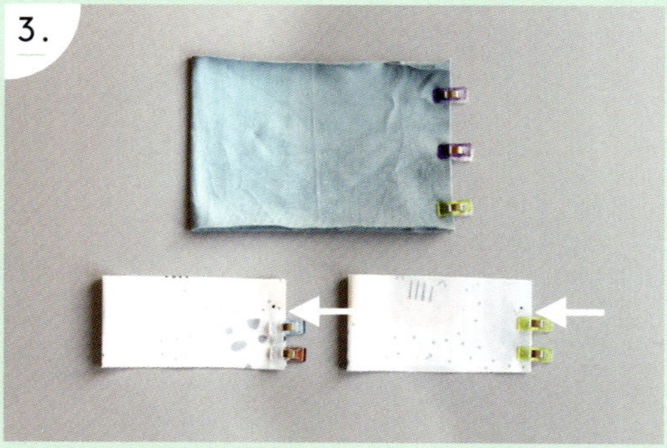

SO GEHT'S

1. Lege Vorderteil und Rückteil der Hose rechts auf rechts aufeinander. Stecke und nähe die beiden Seitennähte.

2. Nun wird die Schrittnaht bogenförmig gesteckt und genäht. Wende die Hose danach auf rechts.

3. Bereite dir das Bauchbündchen und die Gummitunnel für die Beine vor: Hierfür werden die Bündchen rechts auf rechts gefaltet und jeweils an der kurzen Kante zum Ring geschlossen.

ACHTUNG:
Bei den beiden PUL-Bündchen für die Beine werden jeweils 2 cm am Ende der Naht offen gelassen (Pfeil im Bild). So kann man später das Gummiband durch den Tunnel ziehen. Bei gemustertem Stoff muss diese Öffnung unten (!) liegen, wenn er aufrecht vor dir liegt. Falte nach dem Nähen die Nahtzugaben auseinander.

4. Klappe den Ring aus Bauchbündchen der Länge nach links auf links zusammen. Danach stülpst du den Ring, mit den offenen Stoffkanten nach oben zeigend, über die Hose. Stecke ihn gleichmäßig verteilt fest (Klammern an beiden Seiten und an vorderer sowie hinterer Mitte). Das Bündchen wird nun mit dehnbarem Stich oder mit der Overlock-Maschine unter Dehnung (des Bündchens) angenäht. Achte darauf, dass du den PUL-Stoff dabei nicht dehnst.

5. Falte die Beinbündchen der Länge nach links auf links. Stecke die Beinbündchen an ihren Öffnungen fest. Dann werden die Ringe, mit den offenen Kanten nach unten zur Beinöffnung zeigend, über die Hose gestülpt. Stecke sie ringsum gut fest. Die Öffnung in den Ringen für das Gummiband zeigt dabei nach außen und befindet sich an der Innenbeinnaht der Hose. Nähe die Beinbündchen ringsum an die Hose.

6. Das Gummiband wird durch den Tunnel gezogen und in gewünschter Länge verknotet oder zusammengenäht.

7. Schließe die Tunnelöffnung und klappe die Bündchen nach unten.

8. Hurra, deine Outdoorhose ist fertig!

Pfiffiges Ärmellätzchen

Stilvoll zu Tisch! Mit so feschen, bunten Lätzchen lässt es sich ordentlich futtern. Unter den Ärmeln aus PUL-Stoff bleibt die langärmelige Kleidung deines Lieblings perfekt geschützt.

GRÖSSEN:

68/74, 80/86, 92/98

DU BRAUCHST:

- PUL-Stoff 45 cm (Höhe) x 90 cm (Breite)
- Schrägband aus Baumwolle 150 cm
- Druckknopf (Cam Snap) 1 Stück
- Gummiband 5 mm breit, zweimal etwa 16–18 cm lang (inklusive Nahtzugabe)

HINWEISE:

Keine Nahtzugabe an Schrägband-kanten hinzugeben.

Bei Frottee-Lätzchen die Teile vorab versäubern und breites Schrägband wählen.

ZUSCHNITT:

- 1x Vorderteil (SB 1)
- 2x Rückteil (gegengleich, Markierung für Druckknopf) (SB 1)
- 2x Ärmel (Markierung an der Mitte der Armkugel) (SB 1)
- 2x Ärmelbündchen (SB 1)

Tipp

Auch eine Auffangtasche wie beim Lätzchen mit Tasche (Seite 20) lässt sich hier kombinieren. Für die Taschenschablone eine waagerechte Linie nach 8 cm ab Unterkante zeichnen. Nähe Schritt 1 und 2 der Anleitung auf Seite 22 zuerst.

SO GEHT'S

1. Lege die beiden Rückteile rechts auf rechts auf das Vorderteil. Stecke und nähe die Schulternähte, klappe die Nahtzugaben hier auseinander.

2. Stecke und nähe die Ärmel rechts auf rechts in die Armlöcher. Achte dabei darauf, dass die Mitte der Armkugel am Ärmel mit der Schulternaht aufeinandertrifft. Am anderen Ärmel genauso arbeiten. Klappe die Nahtzugaben in Richtung Ärmel.

Tipp

Ich stecke hier nur die Mitte und die Außenkanten der Ärmel fest. Der Stoff dazwischen wird beim Nähen stückchenweise in die Rundung hineingelegt.

3. Stecke die Ärmel rechts auf rechts zusammen und schließe die Ärmel- und die kurzen Seitennähte.

4. Der Bund am Ärmel wird genauso wie bei der Outdoorhose genäht (Seite 14, Schritte 3 und 5). Dabei wird an den Ärmelbündchen eine Lücke zum Durchziehen des Gummibands gelassen. Die Länge des Gummibands beträgt pro Ärmel 16–18 cm, je nach Größe des Lätzchens und Dehnbarkeit des Gummibands.

5. Schließlich fasst du die offenen Kanten ringsum mit Schrägband ein: Klappe das Schrägband auf und lege es rechts auf rechts an die Stoffkante. Das offene Schrägband zeigt nach innen. Stecke es ringsherum gut fest. Klappe am Anfangsstück 0,5 cm des Schrägbands nach innen um und lege das Endstück darüber. Schneide es nach 2 cm Überlappung ab. In den engen Kurven am Rückteil kannst du die Nahtzugabe des Schrägbands bis knapp vor den ersten Knick einschneiden, damit es sich besser in die Rundung legen lässt (Bild 6). Nähe das Schrägband ringsherum im ersten Falz an.

6. Nun schneidest du in den engen Rundungen die Nahtzugaben des PUL-Stoffs bis auf wenige Millimeter zurück. Die Naht darf dabei nicht verletzt werden. Danach lässt sich das Schrägband gut um die Kante auf die linke Stoffseite legen. Auf der linken Stoffseite des Lätzchens ist das Schrägband ebenfalls eingeklappt. Der Knick an der Mitte des Schrägbands bildet die Außenkante.

7. Stecke ringsum und nähe das Schrägband mit passender Garnfarbe fest. Bei dieser Naht wird das Schrägband auf Vorder- und Rückseite des PUL-Stoffs gefasst.

8. Schließlich fehlt nur noch der Druckknopf an der markierten Position.

Tipp

Versenke in den engen Kurven die Nadel in den Stoff, bevor du das Füßchen hebst und den Stoff drehst.

5.

6.

7.

8.

Lätzchen mit Auffangtasche

Zur Babygarderobe gehören auf jeden Fall Lätzchen, Lätzchen und noch mehr Lätzchen! Besonders hilfreich ist es, wenn sie mit einer kleinen Auffangtasche ausgestattet sind.

GRÖSSEN:

One Size

DU BRAUCHST:

- PUL-Stoff: 40 cm (Höhe) x 30 cm (Breite)
- Schrägband: 150 cm
- Klettverschluss: 2,5 x 2,5 cm oder Druckknopf, wie beim Ärmellätzchen (S. 16) beschrieben

ZUSCHNITT:

- 1x Lätzchen (SB 1)
- 1x Tasche (SB 1)

ONE SIZE

1.

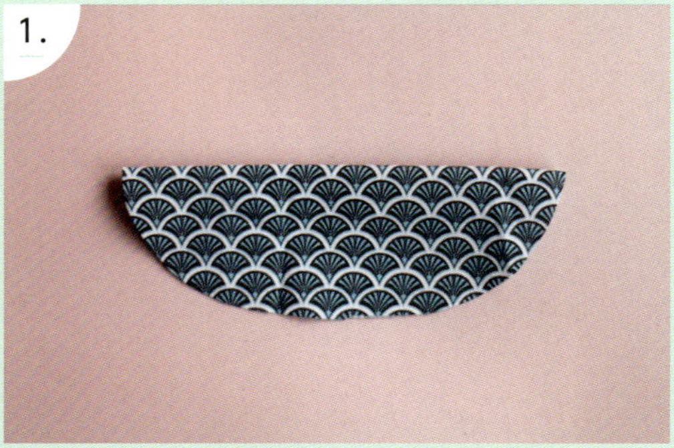

2.

3.

4.

SO GEHT'S

1. Falte die Tasche links auf links im Bruch zusammen.

2. Stecke sie auf den unteren Teil des Lätzchens. Nähe die Tasche an den Außenkanten mit weitem Geradstich innerhalb der Nahtzugabe an.

3. Fasse die offenen Kanten ringsum mit Schrägband ein: Klappe das Schrägband auf und lege es rechts auf rechts an die Stoffkante des Lätzchens. Das offene Schrägband zeigt nach innen zum Lätzchen. Stecke es gut fest. Klappe am Anfangsstück 0,5 cm des Schrägbands nach innen um und lege das Endstück darüber. Schneide es nach 2 cm Überlappung ab. In den engen Kurven am Verschluss kannst du die Nahtzugabe des Schrägbands bis knapp vor den ersten Knick einschneiden. Dann nähe das Schrägband ringsherum im ersten Knick an.

Tipp

Vor allem in den Rundungen hilft es, die Nadel nach unten in den Stoff zu versenken, bevor man das Füßchen hebt und den Stoff dreht.

4. Nach der ersten Schrägband-Naht schneidest du in den engen Rundungen die Nahtzugaben des PUL-Stoffs bis auf wenige Millimeter zurück. Die Naht darf dabei nicht verletzt werden. Dann lässt sich das Schrägband gut um die Kante auf die linke Stoffseite legen. Auf der linken Stoffseite des Lätzchens ist das Schrägband ebenfalls eingeklappt, der Falz an der Mitte des Schrägbands bildet die Außenkante. Stecke es eng ringsherum an.

5. Nähe das Schrägband mit passender Garnfarbe fest. Bei dieser Naht wird das Schrägband auf Vorder- und Rückseite des PUL-Stoffs gefasst.

6. Lege die Kletteile für den Verschluss auf. Achte darauf, dass eines auf der unbeschichteten und das andere Teil auf der beschichteten Seite liegt, damit sich der Klett gut schließen lässt. Nähe die Kletteile mit passender Garnfarbe an.

Tipp

Lass beim Annähen der Kletteile die Nadel im Stoff versenkt, wenn du das Nähwerk drehst, um im rechten Winkel zu nähen.

7. Geschafft! Dein Lätzchen mit Tasche ist fertig!

5.

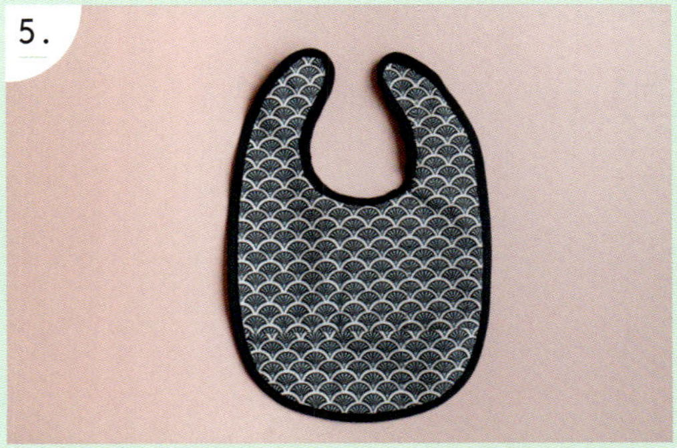

6.

7.

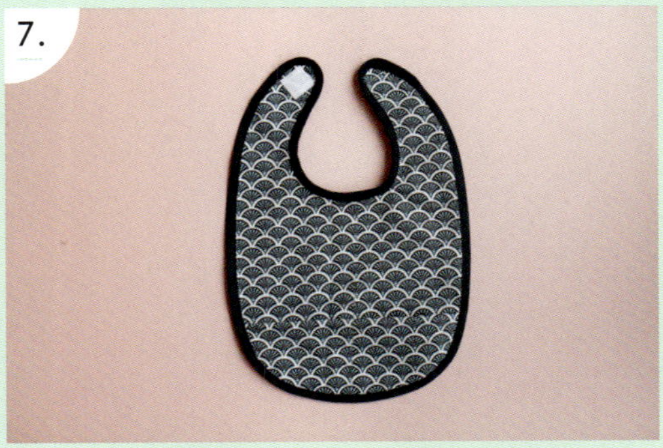

Blitzschneller Krümelfänger

Hast du genug vom bröseligen, klebrigen Esszimmerfußboden?
Ein Krümelfänger ist sehr einfach zu nähen und
bietet die maximale Auffangfläche für allerlei Krümeliges.

GRÖSSEN:

68/74, 80/86, 92/98

DU BRAUCHST:

- PUL-Stoff: 50 cm (Höhe) x etwa 80 cm (Breite, entspricht idealerweise der Breite des Tisches)
- Gummikordel: etwa 3 m (bei Tischen über 80 cm Breite: Miss die Breite des Tisches, ziehe 80 cm ab, verdopple die Differenz. Diesen Wert solltest du zu den 3 m Gummiband hinzuzählen.)
- 1 x Kordelstopper
- 2 x Kordelenden oder Perlen

ZUSCHNITT:

- Ein Rechteck von 80 cm (Breite) x 50 cm (Höhe), nicht im Schnittmusterbogen enthalten.

GRÖSSE 68–98

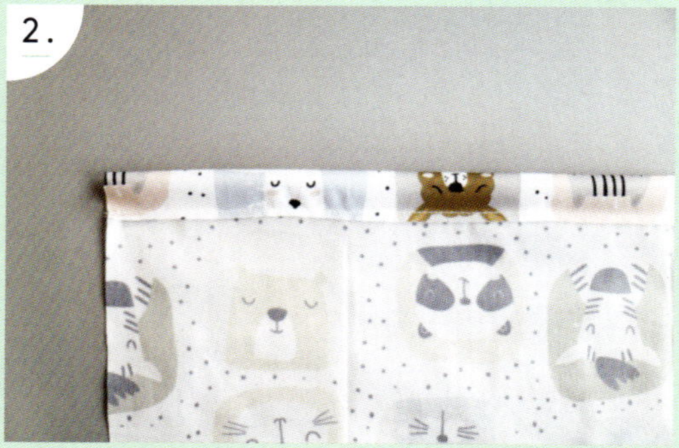

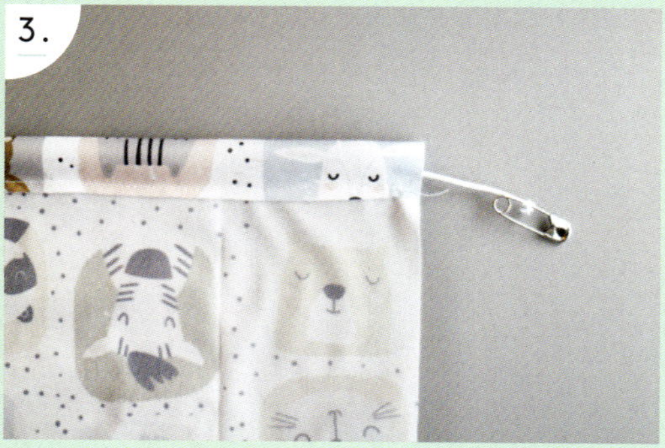

SO GEHT'S

1. Schneide das Rechteck aus PUL-Stoff zu. Nähe dann zwei Tunnel für die Gummibänder: Klappe hierfür den Stoff an den beiden langen Kanten 2 cm auf die beschichtete Seite um.

2. Nähe die Tunnel mit weitem Geradstich und verriegele Nahtbeginn und -ende gut.

3. Teile das Gummiband in zwei Teile (Kindseite: 150 cm und Tischseite: Rest). Ziehe sie mithilfe einer Sicherheitsnadel durch jeweils einen Tunnel, wobei sich an der oberen Stoffkante die Tischseite und an der unteren Stoffkante die Kindseite befindet.

4. Fixiere das Gummiband in beiden Tunneln mittig mit einer kleinen Verriegelungsnaht, nähe dafür mehrmals vor und zurück (siehe Pfeil). So kann das Band nicht durch den Tunnel zurückrutschen.

5. An der Oberkante (Tischseite) sicherst du die Enden mit 2 Kordelstoppern, Perlen oder Knoten. Diese Enden werden später um den Tisch gespannt und zur Schleife gebunden.

6. An der Unterseite des Krümelfängers kannst du beide Kordelenden durch einen Kordelstopper fädeln oder die Enden ebenfalls wie an der Oberkante sichern. Diese Kordel wird um die Stuhllehne hinter dem Kind gespannt.

7. Fertig! Nun kannst du deinem kleinen Krümelmonster den Tisch decken.

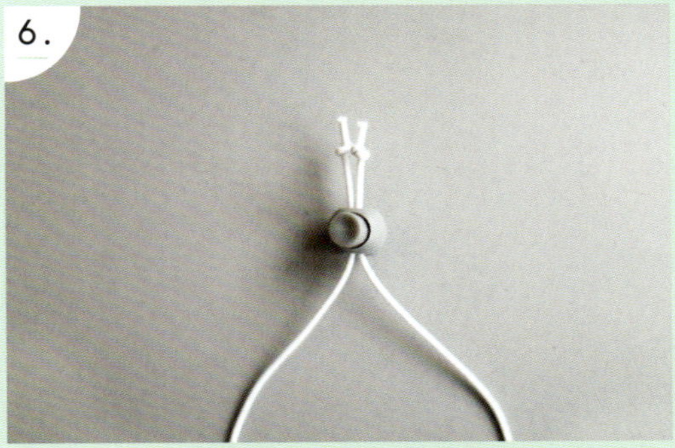

Tipp

Wische den Krümelfänger nach dem Essen feucht ab und entferne große Krümel. Verwende in der Waschmaschine ein großes Wäschenetz, sodass sich die Gummikordeln nicht so stark verheddern.

Vielseitige Überschuhe

Bevor die spannende Phase des Laufens beginnt, erkunden die Kleinen robbend oder krabbelnd die Welt. Zum Schutz vor Sand oder Erde lassen sich die Überschuhe blitzschnell über die kleinen Füßchen ziehen.

GRÖSSEN:

S: 6–12 Monate,
M: 12–18 Monate

DU BRAUCHST:

- PUL-Stoff 25 cm (Höhe) x 95 cm (Breite) bzw. 125 cm bei Version mit Klett
- evtl. Futterstoff 25 cm (Höhe) x 95 cm (Breite)
- 2 Gummibänder 0,5 cm breit, 7 cm lang für Fersenraffung

Tipp

Auch im Tragetuch/ in der Tragehilfe bei unbeständigem Wetter machen sich diese Schühchen prima.

VERSCHLUSS:

- 2 Gummikordeln je < 50 cm lang und 4 Ösen und 4 Kordelstopper oder
- 2 Gummibänder je 0,5 cm breit, 15–20 cm lang
- optional 2 Streifen Klettverschluss je 2,5 cm breit, 4 cm lang

ZUSCHNITT:

- **Ungefüttert:** 2x Schaft, 2x Kappe, 2x Sohle (Markierungen siehe SM) aus PUL-Stoff (SB 2)
- **Gefüttert:** jeweils aus PUL-Stoff und Futterstoff: 2x Schaft, 2x Kappe, 2x Sohle (SB 2)
- **Mit Klettverschluss:** 2x Lasche, 2x Riemen aus PUL-Stoff (SB 2)

SO GEHT'S

1. Wenn du einen verstellbaren Kordelzug nähen möchtest, bringe pro Stiefel zwei Ösen an den vorgegebenen Positionen am Schaft an. Nun wird die Kappe mit der Mitte der flacheren Rundung rechts auf rechts an die Mitte des Schafts gesteckt. Nähe die Kappe von Seitenmarkierung bis Seitenmarkierung an. Dabei legst du die Kappenrundung stückchenweise in die Rundung des Schafts.

2. Falte nun den Schaft rechts auf rechts und nähe ihn an der Rückseite zusammen.

3. Für die Gummiraffung an der Ferse nähst du ein Gummiband von Markierung zu Markierung an (siehe Schnittmuster). Das ist etwas kniffelig, denn du nähst durch das noch offene Loch an der Sohle: Stelle die Nadelposition (wenn möglich) so ein, dass die Nadel unten im Stoff stehen bleibt. Die Naht wird auf dem Gummiband am Startpunkt verriegelt, dann dehnst du das Gummiband (nicht den Stoff) sehr stark und nähst mit Zickzackstich bis zum Ende der Markierung. Da du am Gummiband ziehst, musst du mit der linken Hand den Stoff hinten in Nahtrichtung führen. Die angenähte Länge des Gummibands beträgt ca. 5 cm. So entsteht eine Raffung des Stoffs über der Ferse, die zusätzlichen Halt gibt.

4. Schließlich wird die Sohle mithilfe der Markierungen an den Schuh gesteckt.

5. Nähe die Sohle ringsherum an.

6. Wende den Schuh auf rechts. Wenn dein Schuh keine Ösen hat, falte die obere Schuhkante 2 cm auf die linke Stoffseite um und nähe einen 1,5 cm breiten Tunnel, bei dem du 1 cm Öffnung lässt. Fädle das Gummiband durch, schließe es in passender Länge zum Ring und schließe das Loch im Tunnel. Für Schuhe mit Ösen, fädle die Gummikordel durch die Ösen. Dann faltest du die obere Schuhkante 2 cm nach unten und legst die Schnur in den Knick, wo du sie mit Stoffklammern feststeckst. So wird die Schnur nicht gleich von der Naht mitgefasst. Steppe den Gummitunnel ringsherum ab. Die Enden der Schnur werden mit Knoten oder Ösenstoppern versehen, damit sie nicht durch die Ösen zurückrutschen. Optional kannst du an der hinteren Mitte die Gummikordel mit einem kleinen Riegel fixieren. Der zweite Schuh wird genauso gearbeitet.

Tipp

Statt einer Gummikordel kannst du auch eine Jerseyschnur verwenden. Schneide entlang des Fadenlaufs ein 1,5 cm breites Jerseyband zu und ziehe es lang.

Überschuhe
mit Klettverschluss

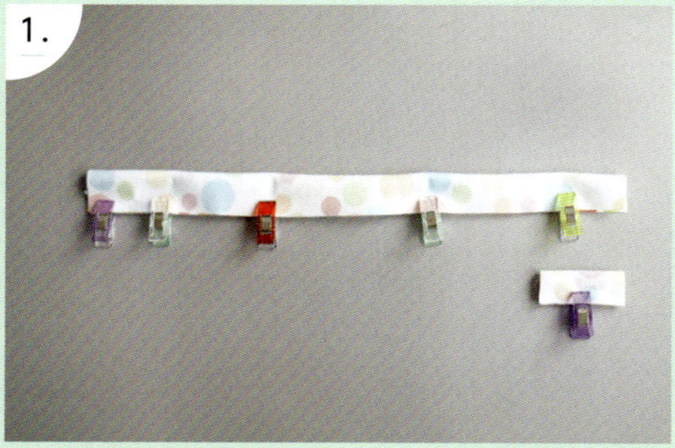

Tipp

Ganz allgemein:
Wenn die Maschine bei kleinen Schnittteilen den Stoff frisst, lege Küchenpapier zum Nähen unter und reiße es danach wieder aus.

SO GEHT'S

HINWEIS:

Die Schühchen werden mit einem Gummizug am oberen Unterschenkel befestigt. Für einen besseren Halt kannst du zusätzlich einen Klettverschluss am Knöchel anbringen.

1. Schneide zwei Riemen und zwei Laschen zu. Falte die Riemen der Länge nach rechts auf rechts und falte die Laschen entlang des Fadenlaufs rechts auf rechts.

2. An einem Ende der Riemen zeichnest du eine Rundung ein. Nähe die lange Kante inklusive Rundung zu, eine kurze Kante bleibt offen. Schneide die Nahtzugaben auf 5 mm zurück. An den Laschen nähst du die lange Kante zu und kürzt die Nahtzugabe ein.
Wende die Laschen mithilfe einer Sicherheitsnadel und die Riemen mithilfe eines Löffelstiels auf rechts. Es ist je nach Stoff am Anfang etwas kniffelig, die Rundung auf den Löffelstiel zu fädeln, den Rest kannst du „mit Gefühl" einfach drüberziehen.

Tipp

Achte bei diesem Projekt darauf, die Schuhe gegengleich zu fertigen. Ich empfehle, beide Schuhe parallel zu nähen, um dies im Blick zu behalten.

3. Drücke die Schnittteile platt, bügle evtl. vorsichtig darüber. Die beiden Riemen kannst du nun noch randnah absteppen. Dadurch bekommen sie noch etwas mehr Stabilität.
Klappe die Nahtzugaben der Laschen nach innen. Übertrage die Markierungen für den Klettverschluss auf die rechte Stoffseite des PUL-Schafts. Am anderen PUL-Schaft muss die Markierung gegengleich sein. Positioniere die Laschen und Riemen auf den Schäften der Schuhe. Achte darauf, dass die Markierung der Laschenposition auf einem Schnittteil rechts und auf dem anderen links liegt.
Dann kannst du die Laschen und Riemen festnähen, wobei die Riemen nach innen zeigen. Verriegle die Nähte an Laschen und Riemen richtig gut, damit sie später nicht ausreißen.
Danach nähst du die Schäfte zusammen, wie beim ungefütterten Schuh in Step 2 auf Seite 30 bzw. beim gefütterten Schuh in Step 1 auf Seite 34 gezeigt. Achte beim Einnähen des Fersengummis darauf, dass du den Riemen für den Klettverschluss nicht versehentlich annähst.

4. Folge den weiteren Schritten der jeweiligen Anleitung. Nähe am fertigen Schuh schließlich noch die Kletteile an die Bänder an. Beim Anziehen befinden sich die Laschen über den Außenknöcheln, sodass der Klettverschluss nach innen schließt.

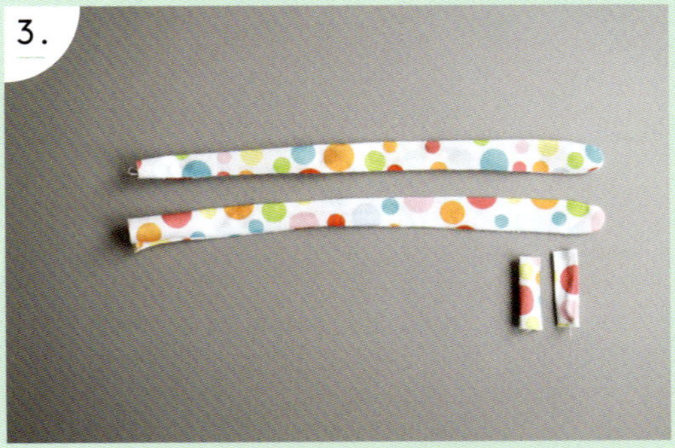

Tipp

Fädle den Riemen schonmal durch die Lasche, dann bleibt alles während der nächsten Schritte besser an seinem Platz.

Gefütterte Überschuhe

1.

2.

SO GEHT'S

Bereite den Schaft des Außenschuhs ggf. mit Ösen oder Klettverschluss und angenähter Kappe vor wie in Step-Bild 1 auf Seite 30 (ohne Klettverschluss) bzw. in Step-Bild 4 auf Seite 33 (mit Klettverschluss). Nähe auch am Innenschuh die Kappe an.

1. Falte den Schaft der Länge nach rechts auf rechts. Nähe die hintere Naht, wobei am Innenschuh eine Wendeöffnung von 5 cm gelassen wird. Dann bringe die Gummiraffung an der Ferse des Außenschuhs an, wie in Step-Bild 3 auf Seite 30 gezeigt. Beim Innenschuh brauchst du keine Gummiraffung.

2. Wende beide Schuhe auf links. Stecke und nähe sie an der oberen Kante rechts auf rechts ringsum zusammen. Die Nähte treffen an den Schäften zusammen. Alternativ kannst du auch Außen- und Innenschaft rechts auf rechts ineinanderstecken, nähen und danach wieder auseinanderziehen. Nähe schließlich die Sohlen an Außen- und Innenschuh, wie in Step-Bild 4 auf Seite 31 beschrieben.

3. Alles wird durch die Wendeöffnung gewendet, die Stiefel werden ineinandergesteckt.
Bereite nun einen Tunnel für dein Gummiband vor: Erstmal steppst du die obere Kante randnah ab. Dann nähst du einen Tunnel, indem du eine weitere Naht 2 cm weiter unten setzt. Achtung: Wenn dein Schuh keine Ösen hat, durch die Gummi und Sicherheitsnadel passen, musst du nun eine kleine Öffnung im Bereich der hinteren Naht am Schaft lassen.

4. Das Gummiband fädelst du nun mithilfe einer Sicherheitsnadel durch die Wendeöffnung und durch die Öffnung im Gummitunnel. Bei einem Gummizug ohne Ösen bringst du das Gummiband auf die richtige Länge, indem du es zum Ring schließt (etwa 15–20 cm pro Schuh, je nach Schuhgröße und Stoffdicke). Schließe nun die Öffnung im Gummitunnel und die Wendeöffnung.

Tipp

Wenn die Schuhe richtig feucht geworden sind oder nach dem Waschen, ziehe Innen- und Außenschuh zum schnelleren Trocknen auseinander.

3.

4.

Cooler Schwimmbeutel

Wohin mit dem nassen Badeanzug und dem feuchten Handtuch nach dem Schwimmen? Nicht nur schick, sondern auch wunderbar praktisch ist dieser Schwimmbeutel mit extra Trockenfach für Wertsachen.

Selbstverständlich lässt sich auch ein einfacher (Turn-)Beutel ohne Trockenfach nähen. Beginne dafür einfach bei Schritt 4.

DU BRAUCHST:

- PUL-Stoff: 55 x 75 cm
- Kordel: 3,5 m lang
- Reißverschluss: 32 cm lang (z. B. Endlos-Reißverschluss)

ZUSCHNITT:

(Höhe x Breite, inklusive 1 cm Nahtzugabe):

- 2 x Hauptteil 55 x 35 cm
- 1 x Außentasche 13 x 35 cm und 6 x 35 cm
- 2 x Kordeltunnel 9 x 35 cm
- 2 x Lasche für Kordeln 10 x 10 cm

Die Rechtecke sind nicht im Schnittmusterbogen enthalten.

ONE SIZE

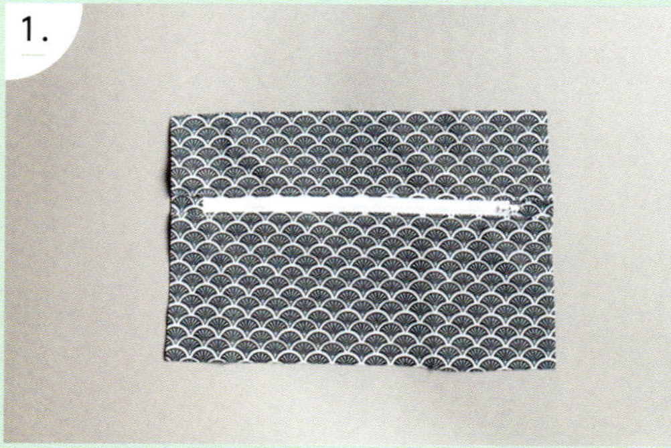

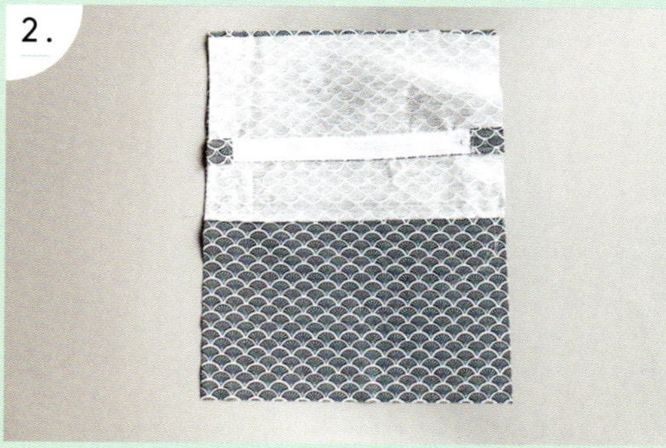

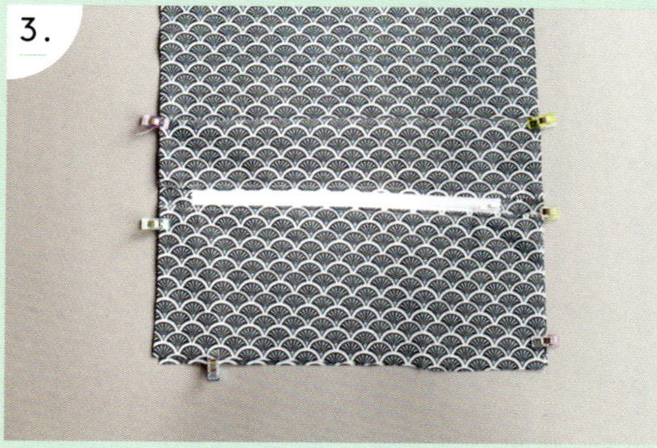

SO GEHT'S

1. Wenn du eine Außentasche als Trockenfach nähen möchtest, fertige sie gleich zu Beginn an. Folge dafür der Anleitung für die Windeltasche (Seite 42, Schritt 1–5).

2. Miss den seitlichen Rand deiner Außentasche (Trockenfach) und ziehe 2 cm ab. Diese Länge trägst du an beiden Seitenrändern des Vorderteils (von unten aus gemessen) an. Lege die Außentasche mit ihrer Oberkante rechts auf rechts an die Markierung des Vorderteils. Die Außentasche steht dabei Kopf und zeigt nach oben. Dann näht man die Oberkante der Außentasche mit 1 cm Nahtzugabe auf das Vorderteil. Man kann sich auch ein Stückchen beidseitiges Stoffklebeband an die Kante kleben, um die Stoffe genau aufeinander zu fixieren.

3. Klappe die Außentasche nach unten und steppe sie bei Bedarf ab. Fixiere die Taschenränder innerhalb der Nahtzugabe mit weitem Geradstich an der Vorderseite des Beutels.

4. Bereite die Laschen für die Kordel vor. Dafür klappst du das Stoffstückchen der Länge nach rechts auf rechts zusammen und nähst den oberen Rand. Wende den Tunnel auf rechts und falte ihn zur Lasche.

5. Stecke die Laschen an beide Seiten des Vorderteils. Positioniere sie so, dass 3 cm bis zum unteren Rand frei bleiben und die geschlossene Laschenseite nach innen zur Tasche zeigt (Pfeil). Dann legst du die Rückseite des Beutels auf das Nähwerk. Die Seitennähte und die Bodennaht werden nun geschlossen. Oben bleibt der Beutel offen. Wende den Beutel auf rechts.

6. Bereite den Tunnelzug vor: Klappe dafür die Nahtzugabe an beiden kurzen Seiten der Schnittteile nach innen und steppe sie ab. Falte dann den Streifen der Länge nach links auf links.

7. Nun steckst du die Streifen für den Tunnelzug, mit der offenen Stoffkante nach oben zeigend, jeweils an Vorder- oder Rückteil. Nähe sie ringsum fest. Dann werden die Tunnel nach oben geklappt.

8. Teile die Kordel mittig in zwei gleich lange Teile. Eine Kordel wird nun mithilfe einer Sicherheitsnadel durch die Lasche gefädelt, dann gleichseitig durch eine Tunnelbahn, wieder zurück durch die andere Tunnelbahn und schließlich nahe der Lasche mit dem Kordelende verknotet. Führe dies auf der Gegenseite genauso aus.

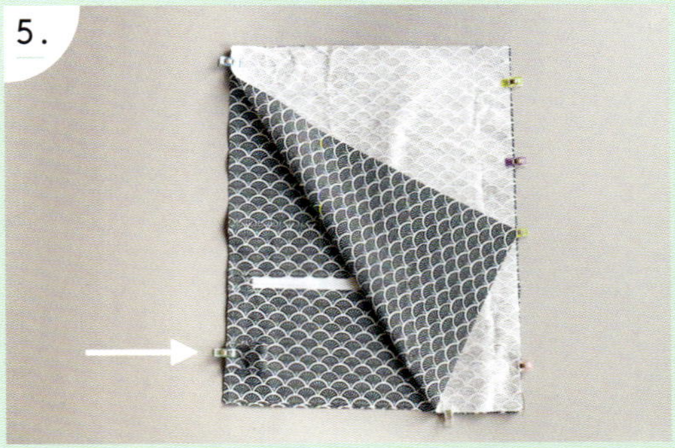

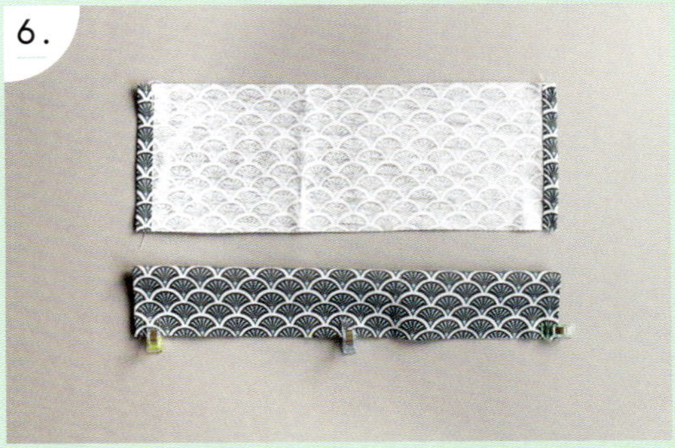

Einfache Wetbag

Nicht nur Stoffwindel-Eltern schätzen Wetbags. Sie sind auch toll für schmutzige Schuhe oder nasse Kleidung, zum Beispiel beim Trockenwerden. Die Wetbag ist 25 x 28 cm groß. 1–2 Windeln inkl. Saugmaterial finden darin Platz.

DU BRAUCHST:

- PUL-Stoff:
  30 cm (Höhe) x 81 cm (Breite)
- 1 x Reißverschluss 24 cm

ZUSCHNITT:

(Höhe x Breite, inklusive 1 cm Nahtzugabe)

- Rückteil: 30 x 27 cm
- Vorderteil oben: 8 x 27 cm
- Vorderteil unten: 23 x 27 cm
- Reißverschlussenden: zweimal 4 x 5 cm
- Lasche: 3 x 12 cm

Die Rechtecke sind nicht im Schnittmusterbogen enthalten.

Tipp

Regulär funktioniert eine Wetbag mit einem normalen Endlos-Reißverschluss. Es gibt aber auch eigens wasserdichte Reißverschlüsse im Handel.

1.

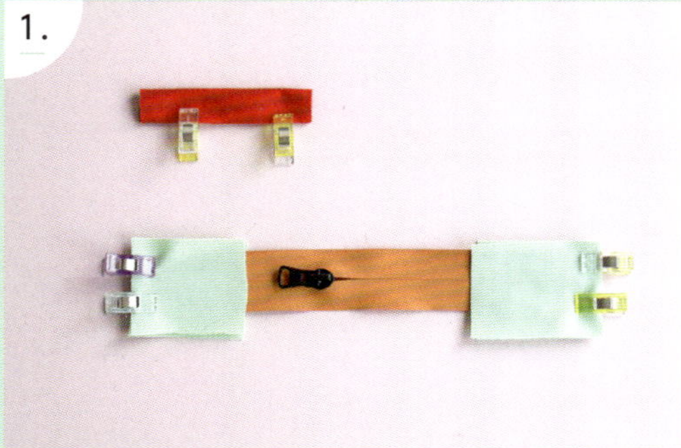

2.

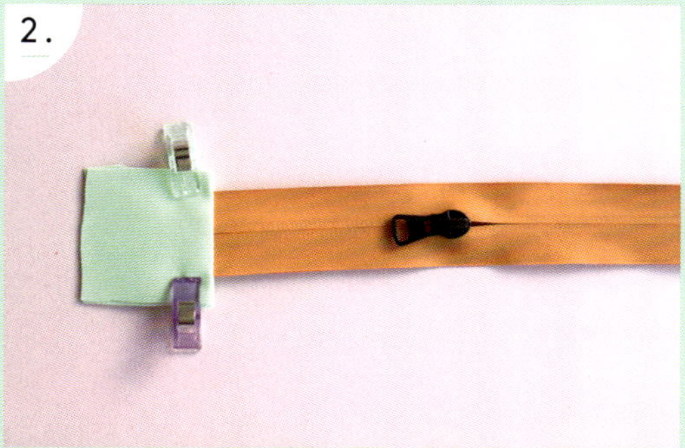

3.

4.

SO GEHT'S

1. Bereite Reißverschluss und Lasche vor: Lege die Reißverschlussenden, mit der rechten (bedruckten) Stoffseite zum Reißverschluss zeigend, von oben und unten an die Kanten des Reißverschlusses. Nähe vorsichtig an den Rändern entlang (beim Überqueren des Reißverschlusses bitte langsam mit dem Handrad nähen, damit die Nadel nicht bricht). Die Lasche rechts auf rechts falten und knappkantig an der langen Kante zunähen. Diesen Tunnel mit einer Sicherheitsnadel wenden.

2. Die Enden nach außen klappen. Vorsichtig nahe der zum Reißverschluss zeigenden Kante absteppen.

3. Lege das obere Vorderteil mit der Unterkante rechts auf rechts an die obere Kante des Reißverschlusses, dieser muss dabei ganz mittig liegen. Die überstehenden Reißverschlussenden an den Rändern abschneiden. Nähe das obere Vorderteil (ggf. mit Reißverschlussfüßchen) an den Reißverschluss. Stelle dafür die Nadelposition ganz nach links zum Reißverschluss.

Tipp

Wenn du am Zipper angekommen bist, versenkst du die Nadel und hebst das Füßchen. Ziehe den Zipper vorsichtig an der Nadel vorbei, dann kannst du das Füßchen wieder senken und weiternähen.

4. Klappe das obere Vorderteil nach oben.

5. Lege auf die gleiche Weise nun die obere Kante des unteren Vorderteils rechts auf rechts an die untere Reißverschlusskante und nähe sie an. Klappe sie nach unten um. Nun kannst du den Reißverschluss ringsum absteppen, dies ist aber kein Muss.

6. Stecke deine Lasche an einer oberen Seite der Wetbag, mit der Schlinge nach innen zeigend, fest. Achte darauf, dass nach oben mindestens eine Nahtzugabe frei bleibt. Öffne den Reißverschluss ein wenig.

7. Nun wird das Rückteil der Tasche rechts auf rechts auf das Vorderteil gesteckt und beides ringsum aufeinandergenäht.

8. Wende die Tasche durch den Reißverschluss auf rechts. Und schon ist deine Wetbag fertig!

5.

6.

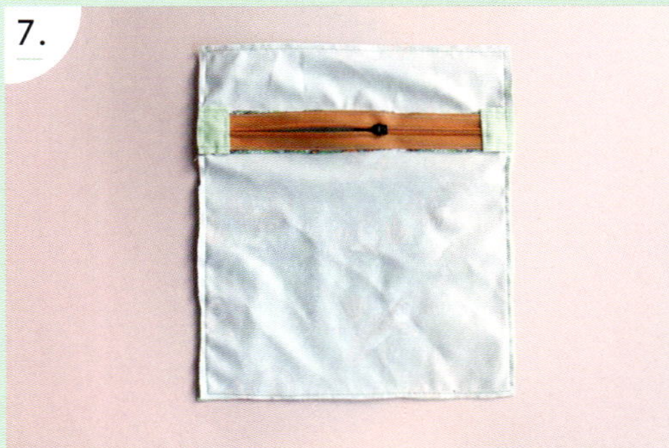
7.

8.

Geräumige Maxi-Wetbag

Die große Wetbag bietet Platz für 10 Windeln inklusive Saugmaterial und hat ein separates Trockenfach. Sie misst etwa 50 x 40 cm.

DU BRAUCHST:

- PUL-Stoff (Höhe x Breite): 50 x 90 cm (Hauptfach) und 35 x 42 cm (Trockenfach, ggf. aus Baumwoll-Webware)
- 2 x Reißverschluss 45 cm
- 1 x Aufhänger aus Gurtband oder anderem Band, 20 cm lang
- 1 x Anorakdruckknopf (bei dünnerem Aufhänger alternativ normaler Druckknopf)

ZUSCHNITT:

Höhe x Breite, inklusive 1 cm Nahtzugabe

- PUL-Vorderteil und Rückteil: je 50 x 42 cm
- PUL-oder Baumwoll-Trockenfach: 35 x 42 cm

Tipp

Eine Maxi-Wetbag kann auch als Windeleimer oder zum Sammeln von Schmutzwäsche genutzt werden.

1.

2.

3.

4.

SO GEHT'S

1. Stecke den Reißverschluss für das Trockenfach rechts auf rechts an die obere Kante des Trockenfachs. Der Reißverschlussschieber zeigt zur rechten Stoffseite hin. Nähe ihn (ggf. mit Reißverschlussfüßchen) an.

2. Miss den seitlichen Rand deines Trockenfachs inkl. Reißverschluss und ziehe 1 cm ab. Die Länge trägst du an beiden Seitenrändern des Vorderteils (von unten gemessen) an. Lege das Trockenfach mit der Oberkante (Reißverschluss) rechts auf rechts an die Markierung des Vorderteils. Das Trockenfach zeigt nach oben. Nähe den Reißverschluss mit 0,5 cm Nahtzugabe auf das Vorderteil.

3. Klappe das angenähte Trockenfach herunter aufs Vorderteil und steppe es randnah innerhalb der Nahtzugabe mit weitem Geradstich fest.

4. Nun lege den Reißverschluss für das Hauptfach rechts auf rechts auf die Oberkante des Vorderteils. Der Reißverschlussschieber zeigt zur rechten Stoffseite hin. Nähe ihn (z. B. mit Reißverschlussfüßchen) an.

Tipp

Der Reißverschluss kann vor dem Nähen einfach mittig mit Klebeband (z. B. Stylefix) vorgeklebt werden. Bitte keine Stecknadeln verwenden, sonst wird der PUL-Stoff undicht.

5. Klappe den Reißverschluss hoch und lege das Rückteil rechts auf rechts auf die freie Kante des Reißverschlusses. Stecke es fest und nähe es am Reißverschluss an.

6. Versäubere die Kanten des Bands zum Aufhängen mit Zickzackstich (wenn dein Band aus Kunststoff ist, kannst du es stattdessen vorsichtig mit einem Feuerzeug abflammen). So verhinderst du, dass es sich später auftrennt. Nun stecke das Band nahe des oberen Reißverschlusses an das Vorderteil, sodass es nach innen zeigt. Ich stecke es leicht schräg, damit das Band später schräg nach oben gerichtet ist. Nähe es mit einer gut verriegelten Naht innerhalb der Nahtzugabe fest.

7. Lass den Reißverschluss vom Hauptfach einen Spalt offen. Klappe das Rückteil rechts auf rechts auf das Vorderteil und stecke es ringsum fest. Die Nahtzugaben am Reißverschluss werden beim Stecken nach unten zur Tasche geklappt. Nähe die Tasche an den drei offenen Kanten zusammen. Wenn du über den Reißverschluss nähst, verwende nur das Handrad, um Nadelbruch zu verhindern. Wende durch die Öffnung im Reißverschluss.

8. Schließlich bringst du noch einen Druckknopf am Halterungsband an, damit du die Wetbag flexibel aufhängen kannst.

Stoffwindel-
Überhose

Der Klassiker beim Nähen mit PUL-Stoffen ist die Stoffwindel. Weitere Informationen zu Stoffwindeln findest du auf Seite 10.

GRÖSSEN:

Newborn (3–6 kg) / One Size (ab 6 kg)

DU BRAUCHST:

- PUL-Stoff 40 x 40 cm (Newborn) bzw. 50 x 50 cm (One Size)
- Liner (z. B. Baumwollflanell, Fleece oder Molton) 40 x 40 cm bzw. 50 x 50 cm
- Druckknöpfe (Cam Snaps): etwa 8–12 Stück, weitere für Innenwindel oder verstellbaren Steg (One Size)
- Gummiband 0,5 cm breit, etwa 40 cm lang

ZUSCHNITT:

- 1x Windel aus PUL-Stoff (SB 2)
- 1x Windel aus Innenstoff/Liner (SB 2)
- Gummiband (Newborn/One Size): Beine 9–11/13–15 cm, Po 8,5/10 cm

Besonderheit beim Zuschnitt:
Bei Stoff der eine Richtung (oben/unten) hat, kannst du das Schnittmuster mittig teilen, zuzüglich Nahtzugabe. Jede Naht ist aber eine potentielle Feuchtigkeitsbrücke.

Tipp

Identisch zu PUL-Windeln kannst du auch Wollüberhosen nähen. Kombiniere z. B. Webware (außen) und Wollstrick (innen), so erhältst du nach dem Fetten der Wollüberhose eine sehr dichte Windel.

1.

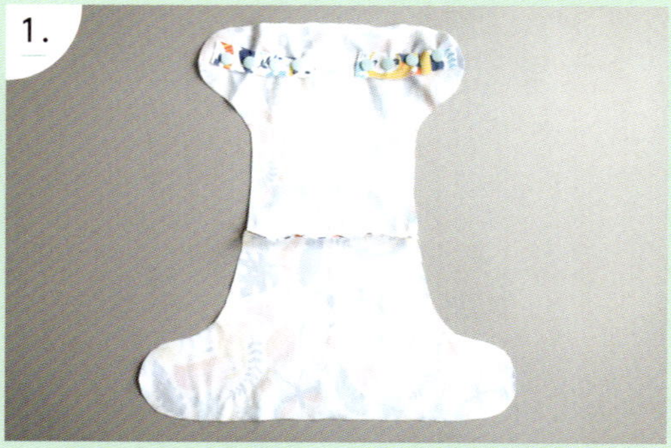

2.

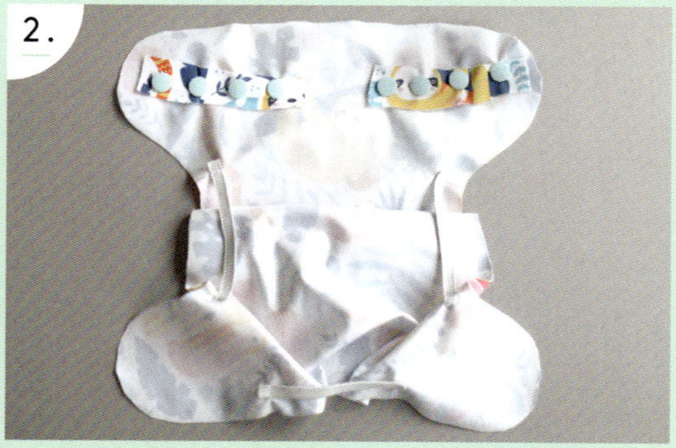

3.

4.

SO GEHT'S

1. Markiere auf der beschichteten PUL-Stoffseite die Gummiband- und die Druckknopfpositionen für vorne – sowie auf der rechten Stoffseite die Druckknopfpositionen für hinten. Sofern du dein Schnittmuster geteilt hast, nähe den Außenstoff an der Teilung rechts auf rechts zusammen. Bringe an der Vorderseite des Außenstoffs die Druckknöpfe an. Verstärke ggf. mit einer zweiten Lage PUL-Stoff. Versäubere das Liner-Schnittteil, wenn nötig. Falls du Druckknöpfe für einen verstellbaren Steg (One Size) anbringen möchtest, tue dies an den vorgesehenen Markierungen.

2. Die Gummibänder für Beine und Po werden auf der linken Stoffseite des PUL-Stoffs angebracht: Nähe ihre Enden 1 cm nach innen versetzt an Beginn und Ende der Tunnel an (Nahtzugabe freilassen). Die Gummibandränder stehen je 0,5 cm über.

3. Lege das Schnittteil aus Liner rechts auf rechts auf den PUL-Stoff. Stecke ringsum fest, beginne an den Stellen ohne Gummiband. Dehne beim Stecken und Nähen die Gummibänder, welche nicht mitgefasst werden. Lass eine Wendeöffnung von 4–5 cm am Hinterflügel außerhalb des Gummibandtunnels. Ansonsten nähst du mit weitem Geradstich ringsum. Durch die Wendeöffnung wenden.

4. Forme alle Ränder der Windel z.B. mit einem Essstäbchen aus. Stecke die Nahtzugabe an der Wendeöffnung nach innen. Bereite die Gummitunnel vor: Fixiere die Gummis mit Klammern ganz am Rand der Windel. Reibe den Stoff zwischen den Fingern, sodass die gedehnten Gummibänder nach außen an die Kante rutschen.

5. Nähe die Gummitunnel 1,5–2 cm breit ab. Ringsherum absteppen. Das Gummiband wird durch die Klammern gehalten und nicht mitgefasst. Die Wendeöffnung wird geschlossen. An den Übergängen der Tunnel zur Absteppung entstehen rechtwinklige Ecken (Pfeil). Versenke die Nadel im Stoff, hebe das Füßchen zum Drehen. Es entsteht eine akkurate Ecke.

6. Bringe je zwei Druckknöpfe an den hinteren Flügeln an. Die Studs zeigen dabei nach innen zum Liner, sodass sich die Windel schließen lässt.

7. Bringe optional einen Druckknopf zum Einknöpfen einer Einlage an. Im Beispiel liegt er hinten für eine lange Einlage, die vorne einmal umgeschlagen wird, sodass sie dort (in der Haupt-Pipi-Zone bei Jungs) doppelt liegt.

8. Wenn du eine Überhose für eine Innenwindel genäht hast (S. 52), bringe je zwei Druckknöpfe (Sockets) vorne und hinten an.

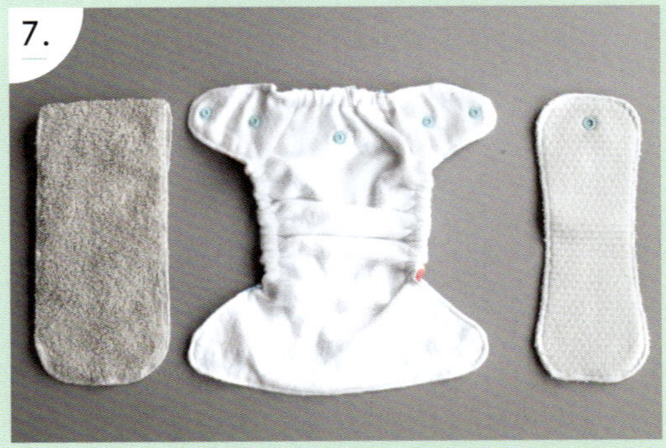

Auslaufsichere Stoffwindel mit PUL-INNENWANNE

Alternativ zu PUL-Überhosen lassen sich kleine Wannen aus PUL-Stoff als Innenwindel nähen. Lies zuerst die Informationen zu Stoffwindeln auf Seite 10.

GRÖSSEN:

Größen Newborn/One Size (passend zur Überhose)

DU BRAUCHST:

- PUL-Stoff: 40 cm (Newborn) bzw. 50 cm (One Size), möglichst weiche Qualität
- Zwei kleine Reste PUL-Stoff 1,5 x 6 cm für Laschen
- 4 Druckknöpfe (Cam Snaps)
- Gummiband 0,5 cm breit, 30–50 cm lang

ZUSCHNITT:

- 1x PUL-Innenwindel-Wanne (Markierungen für Laschen und Nahtbeginn) (SB 1)

Vorab:
Popowärts zeigt die glatte (PU-beschichtete) Stoffseite.

Für Innenwindeln aus dickeren Stoffen (Wollstrick etc.) sollte das Schnittmuster 5–10 cm in der Länge gekürzt werden.

NEWBORN/ONE SIZE

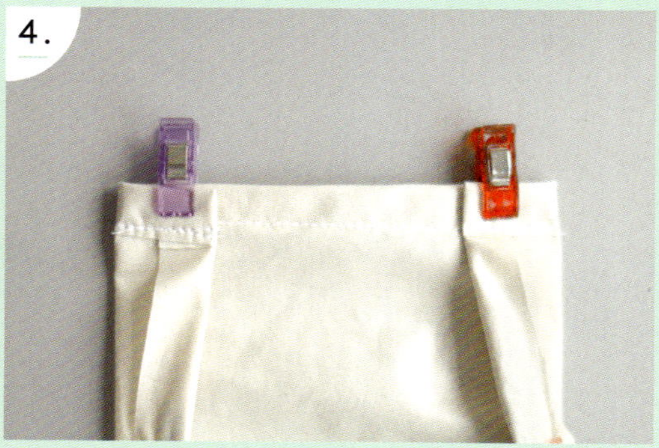

SO GEHT'S

1. Nähe einen 1 cm breiten Tunnel für das Gummiband. Der Stoff wird dabei von der beschichteten Innenseite auf die weiche Außenseite geklappt. Wichtig ist, dass du an den Enden die ersten und letzten 9 cm offen lässt (siehe Markierungen im Schnittmuster). Im Bereich der Rundung krumpelt die Naht etwas, aber das ist in Ordnung so. Nach späterer Raffung fällt das nicht mehr auf.

2. Fädle ein Gummiband durch den Tunnel und nähe es am Anfang und Ende gut fest, sodass die Windelwanne gut gerafft ist. Gummibänder sind unterschiedlich dehnbar. Über die Gummilänge lässt sich die Größe der Wanne einstellen.

3. Die Oberkante wird 1 cm breit auf die unbeschichtete Stoffseite umgeklappt. Die "Tunnelfalte" wird dabei mitgenommen. Dann steppst du diese Kante knapp ab. Wende die Arbeit.

4. Falte die Ränder etwa 3 cm nach innen auf die beschichtete Seite. Nähe sie auf bestehender Naht fest.

Tipp

Für eine größenverstellbare Wanne, eine kleine Lücke im Gummitunnel lassen zur Anpassung der Gummilänge (Schritt 1).

5. Die obere Kante wird mitsamt Faltung 3–4 cm nach unten gesteckt, bis zum Beginn der Gummitunnel.

6. An der mittigen Überlappungsstelle befestigst du den Stoff mit rechtwinkligen kleinen Riegeln (Pfeil).

7. Positioniere die oberen Druckknöpfe über oder unter der PUL-Falte liegend. Der Abstand beträgt ca. 11 cm (Newborn) bzw. 13 cm (One Size). Nun kannst du die Druckknöpfe anbringen. In der Rundung werden auch 2 Druckknöpfe angebracht. Lege die kleinen Reste links auf links zu Laschen, nähe sie unten an den Markierungen an.

8. Nun bringe die Druckknöpfe an. Eventuell musst du die Löcher mit einer kleinen Ahle oder dicken Nadel vorbohren. Es sind pro Wanne 4 Druckknopfteile aus jeweils einer Cap und einem Stud. Die Gegenstücke befinden sich an der Windel-Überhose. Nun ist deine Innenwindel fertig und kann in die Überhose eingeknöpft werden.

Tipp

Windeleinlagen nähen:
Den Stoff gut vorwaschen. Nähe die Einlage etwas größer als gewünscht, da neue Stoffe beim Waschen immer noch eingehen.

Material: zweilagiger Frottee, Hanf-Fleece, Molton u.v.m.

5.

6.

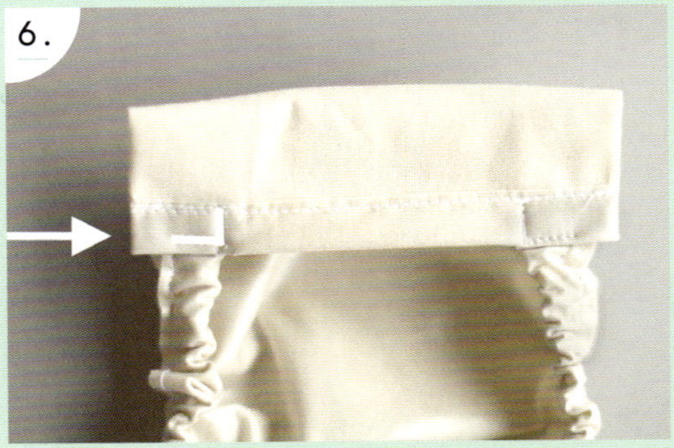

7.

8.

Praktische Wickelunterlage

Ob im Park, in der Krabbelgruppe oder beim Kinderarzt: Unterwegs ist eine gut waschbare Wickelunterlage immer nützlich.

DU BRAUCHST:

- PUL-Stoff 65 cm (Höhe) x 50 cm (Breite)
- Baumwollfleece/Bambusfleece/ Molton 65 cm (Höhe) x 50 cm (Breite)
- Schrägband: 25 mm breit, 2,3 m (+ 0,7 m für Verschlussband) lang

Wasche die Stoffe für dieses Projekt unbedingt bei 60 °C vor, damit sich im Nachhinein nichts verzieht. Schneide aus beiden Stoffen ein Rechteck von 65 x 50 cm zu und runde alle vier Ecken etwas ab.

Tipp

Je dicker deine Stoffe (v.a. der Fleece) sind, desto breiter sollte das Schrägband sein.

ONE SIZE

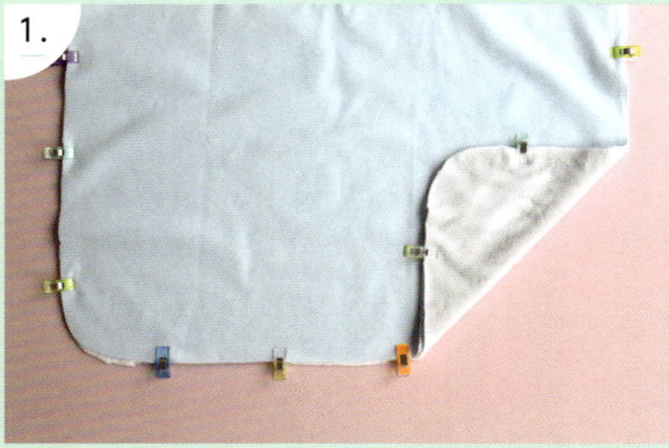

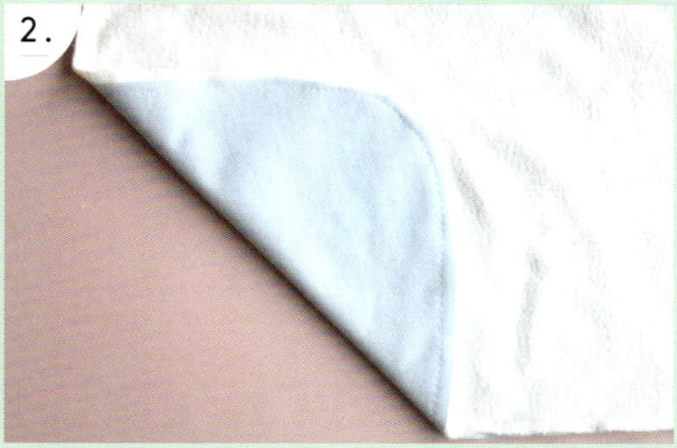

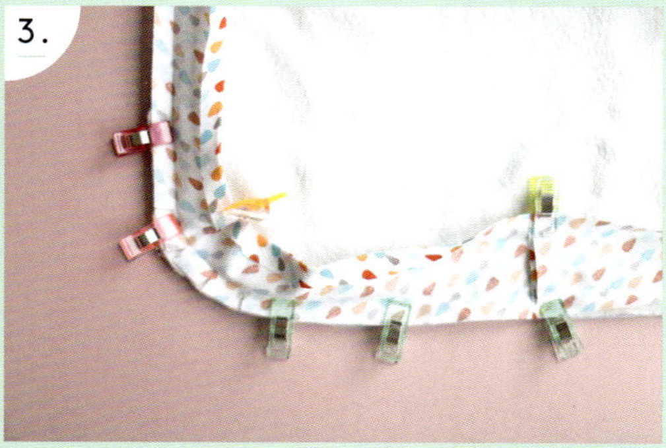

SO GEHT'S

1. Lege den Zuschnitt der Wickelunterlage links auf links aufeinander. Weil der Nässeschutz von der Liegefläche (Fleece) ausgehen soll, zeigt die beschichtete Seite des PUL-Stoffs zum Fleece hin. In meinem Fall ist der Fleece stark dehnbar, daher stecke ich die Klammern sehr dicht ringsum. Da gleich mit Schrägband versäubert wird, liegen die Stoffe links auf links, und du brauchst keine Wendeöffnung zu lassen.

2. Hefte die Stoffe mit weitem Geradstich ringsum innerhalb der Nahtzugabe aneinander. Ziehe dabei nicht an den Stoffen, da sich sonst Wellen bilden. Dann kontrolliere die Naht. Wenn stellenweise Stoff übersteht, kann man ihn dort nun etwas zurückschneiden.

3. Falte das Schrägband auf und lege es rechts auf rechts sowie Kante an Kante auf den Fleece. Klappe am Bandanfang 0,5 cm nach innen. In den Ecken schneidest du die Nahtzugabe am Schrägband ein paar Mal ein, damit es sich gut in die Rundung legt. Stecke ringsum engmaschig fest und lasse Anfang und Ende etwa 2 cm überlappen.

4. Nähe ringsum mit Geradstich (Stichlänge etwa 3,5) im ersten Knick des Schrägbands entlang.

5. Falte das Schrägband um die Kante und knicke es nach innen ein. Die Mitte des Schrägbands bildet die Außenkante. Schneide für diesen Schritt die Nahtzugabe der Stoffe in den Rundungen etwas ein. Falls die Naht aufseiten des PUL-Stoffs vom Schrägband stellenweise nicht verdeckt werden kann, schneide Fleece und PUL-Stoff etwas zurück, ohne das Schrägband oder die Naht zu verletzen.

6. Stecke alles engmaschig ringsum fest. Wenn du möchtest, kannst du in diesem Schritt noch ein Label mit einnähen. Nun nähe das Schrägband mit passender Garnfarbe an. Die Naht fasst das Schrägband auf beiden Seiten der Wickelunterlage.

7. Für einen Verschluss klappst du 70 cm Schrägband mittig zu einem schmalen Band zusammen und steppst es ab. Befestige die Mitte des Bandes bei einem Viertel der kurzen Strecke deiner Wickelunterlage (sodass es nach 1 x Falten und Aufrollen außen mittig zu liegen kommt).

8. Deine Wickelunterlage ist bereit für eure Abenteuer.

9. Genauso lässt sich eine Picknick-/Krabbeldecke anfertigen. Verbinde großflächigere Stoffe punktuell durch kleine Riegelnähte, um Verschieben zu vermeiden. Wähle höchstens dünnes Volumenvlies, das Schrägbandeinfassung ermöglicht.

Coole Ideen für deine PUL-Stoffreste

ABDECKHAUBEN

Zeichne dir den Umfang der Öffnung deiner Schale auf Papier ab. Füge ringsum am Rand 5 cm hinzu. Übertrage diesen Kreis auf PUL-Stoff und schneide ihn aus. Klappe 2 cm auf die beschichtete Seite um und stecke fest. Wenn es krumpelt, ist es in Ordnung. Dann nähe ringsum unter Belassen einer 2 cm großen Öffnung. Ziehe durch die Öffnung mithilfe einer Sicherheitsnadel ein Gummiband ein. Knote oder nähe es in gewünschter Spannung zum Ring und schließe die Tunnelöffnung.

SABBERLÄTZCHEN

Damit das Shirt deines Babys schön trocken bleibt, kannst du auch Sabberlätzchen mit einer Schicht PUL-Stoff nähen. Hierfür einfach ein gleichschenkliges Dreieck mit 20 cm Schenkellänge (28,3 cm lange Seite) aus PUL-Stoff und Baumwollstoff (z. B. Musselin) zuschneiden. Nähe beides rechts auf rechts unter Belassen einer Wendeöffnung aufeinander, wende das Tuch. Bringe einen Druckknopf oder Klettverschluss an und schließe die Wendeöffnung. Das Tuch lässt sich nach Belieben auch wenden.

PUPPENWINDEL

Auch Puppen können mit Stoffwindeln liebevoll gewickelt werden. Verkleinere dafür das Schnittmuster der Newborn-Windel (digital oder per Augenmaß). Halte den ausgeschnittenen Papierschnitt an die Puppe an. So kannst du vor dem Nähen abschätzen, ob die Windel passen wird. Nähe die Windel wie die Stoffwindel-Überhose auf Seite 48. Vereinfachung: Die Druckknöpfe werden hier allerdings alle erst zum Schluss angebracht.

AUFNÄHER

Zur Verzierung von genähter Kleidung oder Taschen kannst du ebenfalls Reste der PUL-Stoffe verwenden. Wenn du Stoffkleber (z. B. Stylefix-Klebeband) zur Hand hast, kannst du deine Aufnäher damit vorab fixieren. Dann einfach randnah 1–2 Mal umnähen.

INNENTASCHE FÜR JUTEBEUTEL

Schneide 2 x PUL-Stoff in den Maßen 20 x 13 cm zu. Teile das Vorderteil, nähe dort den Reißverschluss ein. Bringe eine Lasche mit Karabiner an und nähe die Taschenteile rechts auf rechts zusammen (analog zur Anleitung der kleinen Wetbag auf S. 40).

ÜBER DIE AUTORIN

Leonie Bittrich lebt mit ihrer Familie in Würzburg. Schon als Kind konnte sie sich stundenlang mit Handarbeiten beschäftigen, lernte früh das Stricken und wagte sich damals bei ihrer Oma an die Nähmaschine. Ihre richtige Leidenschaft zu nähen begann jedoch erst, als sie selbst Mama wurde. Sie war fasziniert von der Vorstellung, die Kindergarderobe nach ihrem eigenen Geschmack selbst zu schneidern. So kaufte sie sich Stoffe und legte einfach los. Begonnen hat sie – wie du vielleicht auch – mit einfachen Pumphosen und Mützen nach kostenlosen Schnittmustern.

Seitdem entwickelt sie ihre Techniken ständig weiter, experimentiert gerne mit neuen Materialien und entwirft eigene Schnittmuster. Ihr Label „Lila wie Liebe" gründete sie 2016 und zeigt seitdem ihre Ideen, Schnittmuster und Anleitungen auf ihrer Website. Ihre größte Motivation ist es, durch kostenlose Schnittmuster möglichst viele Näh-Anfänger*innen für dieses wunderbare Hobby zu begeistern.

www.lila-wie-liebe.de
www.instagram.com/lilawieliebe
www.facebook.com/lilawieliebe

DANKSAGUNG

Herzlichen Dank an die Edition Michael Fischer und ganz besonders an Anja Brinkmann für die hervorragende Unterstützung und all die wertvollen Tipps.

Außerdem danke ich den Probenäherinnen und Passformtesterinnen Kristina, Annika, Merle, Hanne-Sophie und Lara.

Ich bedanke mich vor allem aber bei meiner wunderbaren Familie, die es mir ermöglicht, an all den Projekten zu arbeiten, die mir so großen Spaß machen.

Der Firma Prym, Stoffe Hemmers und Stoffwindelei.de danke ich für die freundliche Bereitstellung von Materialien.

PLATZ FÜR NOTIZEN & STOFFMUSTER

IMPRESSUM

Bibliografische Information der Deutschen Bibliothek.

Die Deutsche Bibliothek verzeichnet diese Publikation in der Deutschen Nationalbibliografie.

Detaillierte bibliografische Daten sind im Internet über http://www.dnb.de/abrufbar.

EIN BUCH DER EDITION MICHAEL FISCHER

1. Auflage 2022

Covergestaltung: Alexandra Wolf
Bilder: Leonie Bittrich
Redaktion und Lektorat: Anja Brinkmann
Layout & Satz: Alexandra Wolf
Illustrationen: Regentropfen: © Shutterstock/MG Drachal; alle anderen: © Shutterstock/Mio Buono

ISBN 978-3-7459-0899-2

Gedruckt bei Polygraf Print, Capajevova 44, 08001 Prešov, Slowakei

www.emf-verlag.de